혜복의 주인공

원문 대종경

그린이 박경은
서울시립대학교 환경조각과를 졸업하고 현재 프랑스에꼴에밀콜에서 애니메이션과
출판만화일러스트레이션을 공부하고 있습니다. 그동안 원불교캐릭터를 개발했고
『원불교 정전길라잡이』『원불교 어린이예절공부』『박은혜와 함께 하는 원불교1-5』등에
그림을 그렸습니다.

혜복의 주인공

원문 · 대종경법문
그린이 · 박경은
펴낸이 · 김영식
펴낸곳 · 동남풍
진행 · 김진아교무
초판1쇄 펴냄 · 2004년 12월 10일
출판등록일 · 1991년 5월 18일
등록번호 · 제 66호
주소 · 전라북도 익산시 신용동 344-2(570-754)
전화 · 063-854-0784
값 8,000원

- 이 책의 저작권은 동남풍에 있으므로 무단 전재와 복제를 금합니다.
- 잘못된 책은 바꾸어 드립니다.
  ISBN 89-86065-58-4 03200
  　　　89-86065-55-X(세트)

행복의 주인공

차례

공중을 위하는 본의로만 부지런히 힘써라 · 07

끌림없는 순일한 생각으로 공부와 사업에 오로지 전력하라 · 14

죄복을 직접 당처에 빌어 실지불공하라 · 24

남은 계문을 다 능히 지키면 한 계문도
자연히 지킬 길이 생기게 되나니 · 34

기질과 심성의 수양력을 모두 갖추라 · 38

부귀가 온다고 기뻐하지 아니하고
부귀가 간다고 근심하지 아니 하였나니 · 48

참으로 안타까운 일이로다 · 56

작은 실수가 도리어 큰 성공의 바탕이 되나니라 · 60

위를 섬김에 충성을 다하였고 아래를 거느림에 사랑을 다하였나니 · 64

한 물건이 이로움을 보매 한 물건이 해로움을 당하는도다 · 72

삼세인과가 어찌 그리 빠르리요 · 76

묻어준 거름은 그 기운이 오래가고 든든하나니 · 82

저들이 다 우리집 부처니라 · 86

생사의 이치를 알고 고락의 원리를 헤아리라 · 90

참으로 영원한 나의 소유 · 100

마음을 항상 챙기고 또 챙겨 신앙으로 환경을 지배하라 · 106

매사를 오직 든든하고 떳떳한 길로만 밟아 행하라 · 114

정금 같은 불보살을 이루라 · 118

서로 의지하고 바탕이 되는 이치 · 124

각자가 본래의 양심만 잘 지켜라 · 128

남의 잘못하는 것과 몰라주는 것에 너무 관심하지 말라 · 134

믿음이 엷은 사람은 시들 것이요,
믿음이 굳은 사람은 좋은 결실을 보리라 · 144

공중을 위하는 본의로만
부지런히 힘써라

서품(序品) **제9장**

　단원들이 방언 일을 진행할 때에 이웃 마을의 부호 한 사람이 이를 보고 곧 분쟁을 일으키어 자기도 간석지 개척원을 관청에 제출한 후 관계 당국에 자주 출입하여 장차 토지 소유권 문제에 걱정되는 바가 적지 아니한지라 단원들이 그를 깊이 미워하거늘, 대종사(大宗師)* 말씀하시기를 「공사 중에 이러한 분쟁이 생긴 것은 하늘이 우리의 정성을 시험하심인 듯하니 그대들은 조금도

이에 끌리지 말고 또는 저 사람을 미워하고 원망하지도 말라. 사필귀정(事必歸正)*이 이치의 당연함이어니와 혹 우리의 노력한 바가 저 사람의 소유로 된다 할지라도 우리에 있어서는 양심에 부끄러울 바가 없으며, 또는 우리의 본의가 항상 공중을 위하여 활동하기로 한 바인데 비록 처음 계획과 같이 널리 사용 되지는 못 하나 그 사람도 또한 중인 가운데 한 사람은 되는 것이며, 이 빈궁한 해변 주민들에게 상당한 논이 생기게 되었으니 또한 대중에게 이익을 주는 일도 되지 않는가. 이 때에 있어서 그대들은 자타(自他)*의 관념을 초월하고 오직 공중을 위하는 본의로만 부지런히 힘쓴다면 일은 자연 바른대로 해결되리라.」

자타(自他) (1) 자기와 남 (2) 자력과 타력 (3) 주관과 객관

대종사(大宗師)

소태산 대종사의 약칭으로 일원의 진리를 크게 깨친 후 후천개벽 시대의 주세성자. 원불교의 교조이신 소태산 대종사(小太山 大宗師)는 1891년 5월 5일 전남 영광에서 평범한 농민의 아들로 태어났다. 7세 때부터 자연현상과 인생에 대하여 특별한 의문을 품고, 스스로 도(道)에 발심하여 20여 년간 구도 고행을 계속해 마침내 1916년 4월 28일, 큰 깨달음(大覺)을 이루었다.

소태산 대종사는 대각 후 「물질이 개벽되니 정신을 개벽하자」는 표어를 주창하고 먼저 미신타파, 문맹퇴치, 저축조합 운동을 통해 혼란한 시국 속에 희미해가는 민족의 혼을 일깨우고, 땅에 떨어진 인륜의 정신을 바로 세우고자 했다. 새회상 창립의 경제적 기초를 세운 2만 6천 여평의 정관평방언공사, 인류구원을 위한 혈성(血誠)의 기도로 법계의 인증을 받은 법인성사, 법신불 일원상을 최고의 종지(宗旨)로 삼아 교리와 제도를 제정한 봉래제법, 교화, 교육, 자선의 중심지 익산 총부 건설 등 소태산 대종사의 제세경륜(濟世經綸)은 인류의 빛이요, 거룩한 주세성자의 생애였다.

성은 박(朴)씨이며 이름은 중빈(重彬), 호는 소태산(小太山).
원기 28년(1943) 6월 1일, 53세로 열반하였다.

사필귀정 (事必歸正)

세상 모든 일이 반드시 바른 이치대로 돌아간다는 뜻. 비록 일시적으로는 시비곡직(是非曲直)이 잘 가려지지 않는다 할지라도 필경에는 바른 이치로 돌아간다는 말. 일시적으로는 중상모략을 받아 허물을 뒤집어쓴다 할지라도 반드시 사실대로 바르게 밝혀지게 된다. 수행자는 왜곡된 주장이나 곡학아세(曲學阿世) 하는 일이 없고, 남을 중상모략하거나 비방하지도 않는다. 또한 남으로부터 중상모략이나 부당한 비방을 받는다 할지라도 거기에 조금도 끌리거나 괴로워하지 않는다. 오직 진리가 사실을 사실대로 밝혀 줄 것임을 믿고 알기 때문이다. 그러므로 권모술수는 사도(邪道)요 사필귀정은 정도(正道)이다. 정산종사는 사필귀정(事必歸定)이라 했다. 세상 모든 일이란 반드시 정(定)한 데로 돌아간다는 말인데, 정(定)이란 곧 진리란 뜻이다. 그러므로 사필귀정(正)과 사필귀정(定)은 같은 뜻이 된다.

끌림없는 순일한 생각으로
공부와 사업에 오로지 전력하라

서품(序品) **제14장**

　원기* 사년 팔월 이십일일에 생사를 초월한 구인 단원의 지극한 정성이 드디어 백지혈인(白持血印)*의 이적으로 나타남을 보시고, 대종사 말씀하시기를 「그대들의 마음은 천지 신명이 이미 감응하였고 음부공사(陰府公事)*가 이제 판결이 났으니 우리의 성공은 이로부터 비롯하였도다. 이제, 그대들의 몸은 곧 시방세계(十方世界)*에 바친 몸이니, 앞으로 모든 일을 진행할 때에 비록 천신만고와 함지사지(陷地死地)*를 당할지라도 오직 오늘의 이 마음을 변하지 말고, 또는 가정 애착과 오욕(五欲)의 경계를 당할 때에도 오직 오늘 일만 생각한다면 거기에 끌리지 아니할 것인 즉, 그 끌림없는 순일한 생각으로 공부와 사업에 오로지 힘 쓰라.」하시고, 법호(法號)*와 법명(法名)*을 주시며 말씀하시기를 「그대들의 전날 이름은 곧 세속의 이름이요 개인의 사사 이름이었던 바 그 이름을 가진 사람은 이미 죽었고, 이제 세계 공명(公名)*인 새 이름을 주어 다시 살리는 바이니 삼가 받들어 가져서 많은 창생(蒼生)*을 제도하라.」

시방세계(十方世界) 시방에 있는 무수한 세계. 시방에는 무량 무변한 세계가 있기 때문에 시방세계라 한다.

함지사지(陷地死地) 함지는 지옥, 사지는 죽을 곳이라는 뜻. 아주 위험한 곳에 빠져 들어간다는 말. 도저히 헤어나기 어려운 위험하고 고통스러운 곳을 말한다. 천신만고(千辛萬苦)와 같은 뜻.

창생(蒼生) 창맹(蒼氓)이라고도 한다. 이 세상의 모든 사람, 또는 일체 중생. 불보살들은 창생을 모두 다 제도할 것을 서원한다.

원기 (圓紀)

원불교의 기원(紀元). 소태산 대종사가 1916년에 일원의 진리를 대각한 때가 원기 1년이 된다. 교단의 모든 행사나 기록은 원기를 먼저 앞세우고 다음에 서력 기원을 쓴다. 예를 들면 원기 85년(2000) 등으로 쓴다. 교단 초창기에는 시창 10년, 시창 20년 등, 시창(始創) 연호를 사용해오다가, 제1대 성업봉찬 대회(원기 38년) 때부터 시창연호를 원기로 바꾸었고, 이후로 교단의 연호를 원기로 통일하게 되었다.

백지혈인(白指血印)

원기 4년(1919) 8월 21일, 혈인기도 때에 구인제자들이 사무여한이라 쓴 흰 종이 위에 인주(印朱)를 묻히지 않은 맨손가락으로 찍은 것이 붉은 피빛으로 선명하게 나타난 이적(異蹟). 소태산 대종사는 이 백지혈인을 구인제자의 정성이 지극하여 천지 신명이 감응하였고, 새 회상 창립을 위한 음부공사가 판결이 났다고 하였다.

음부공사 (陰府公事)

진리세계에서 이루어지는 일. 현실세계에 나타날 중요한 일은 미리 음부공사로 결정된 후에야 현실세계에서 이루어 진다고 한다. 큰 성현의 출세라든가 그 성현이 출세하여 주재(主宰)하게 될 큰 일은 진리세계에서 음부공사를 먼저 한 다음에 그 결정에 따르게 된다고 한다.

법호 (法號)

재가·출가간에 공부와 사업에 큰 실적을 쌓은 숙덕교도에게 증여하는 별호. 원기 4년(1919) 8월 21일. 혈인성사 때 소태산 대종사가 구인제자들에게 법명과 법호를 내린 것이 그 시초. 남자에게는 ○산(山)이란 법호를, 여자에게는 ○타원(陀圓)이란 법호를 주게 된다.

공명 (公名)

진리가 준 이름, 공중사를 하는 사람의 이름. 한 가정에 얽매이어 가정생활을 위주로 하는 이름을 속명(俗名) 또는 사명(私名)이라고 하는데 대하여, 원불교의 법명이나 법호를 공명(公名)이라 한다. 이기주의를 버리고 공도사업에 헌신 봉공하라는 뜻에서 공명이라 한다. 공명에 대한 이름값을 잘 하는 것이 가치있는 삶을 사는 것이다.

법명 (法名)

원불교에 처음 입교하는 교도에게 주는 이름.

법명이 처음 주어지기는 원기 4년(1919) 8월 21일 혈인성사 때이다.

구인제자가 혈인기도로 백지혈인의 이적을 나타내자 소태산 대종사는 「그대들의 전날 이름은 곧 세속의 이름이요, 개인의 사사 이름이었던 바 이제 그 이름을 가진 사람은 이미 죽었고, 이제 세계 공명(公名)인 새 이름을 주어 다시 살리는 바이니 삼가 받들어 가져서 많은 창생을 제도하라」고 당부하였다.

이때부터 원불교에 처음 입교한 사람에게 법명을 주고 입교식을 거행하며 법명을 받은 사람은 과거의 낡은 생각과 습관을 버리고 새 마음 새 각오로 공부와 사업에 정진하게 된다.

법명을 주는 것은 원불교인으로 거듭 태어난다는 의미가 있다.

죄복을 직접 당처에 빌어 실지불공하라

교의품(敎義品) **제15장**

대종사 봉래정사(蓬萊精舍)*에 계실 때에 하루는 어떤 노인 부부가 지나가다 말하기를, 자기들의 자부(子婦)가 성질이 불순하여 불효가 막심하므로 실상사(實相寺)* 부처님께 불공이나 올려 볼까 하고 가는 중이라고 하는지라, 대종사 들으시고 말씀하시기를 「그대들이 어찌 등상불(等像佛)*에게는 불공할 줄을 알면서 산 부처에게는 불공할 줄을 모르는가.」 그 부부 여쭙기를 「산 부처가 어디 계시나이까.」 대종사 말씀하시기를 「그대들의 집에 있는 자부가 곧 산 부처이니, 그대들에게 효도하고 불효할 직접 권능이 그 사람에게 있는 연고라, 거기에 먼저 공을 드려 봄이 어떠하겠는가.」 그들이 다시 여쭙기를 「어떻게 공을 드리오리까.」 대종사 말씀하시기를 「그대들이 불공할 비용으로 자부의 뜻에 맞을 물건도 사다 주며 자부를 오직 부처님 공경하듯 위해 주어 보라. 그러하면, 그대들의 정성을 따라 불공한 효과가 나타나리라.」 그들이 집에 돌아가 그대로 하였더니, 과연 몇 달 안에 효부가 되는지라 그들이 다시 와서 무수히 감사를 올리거늘, 대종사 옆에 있는 제자들에게 말씀하시기를 「이것이 곧 죄복*을 직접 당처에 비는 실지불공(實地佛供)*이니라.」

죄복(罪福) 죄와 복. 악한 과보를 받을 나쁜 짓을 죄라 하고, 선한 과보를 받을 착한 짓을 복이라 한다. 곧 악업을 죄라 하고 선업을 복이라 한다. 중생은 죄를 받기 싫어하고 복을 받기 좋아하나, 죄받을 악업을 많이 짓고 복받을 선업을 잘 짓지 아니한다.

봉래정사(蓬萊精舍)

원불교의 제법성지(制法聖地)로, 소태산 대종사가 교법제도를 제정한 집. 전북 부안군 산내면 봉래산 실상사 뒷편에 있었다. 소태산 대종사가 구인제자들과 함께 방언공사와 혈인기도를 끝낸 다음 원기 4년(1919) 10월경 부안 봉래산으로 들어갔다. 처음에는 월명암과 실상사에서 지내다가 원기 6년(1921)에 봉래정사(일명 석두암)를 지었다. 정사(精舍)란 정신을 수양하는 집, 또는 수행 정진하는 집이란 뜻이다. 소태산 대종사는 이곳 봉래정사에서 보림(保任) 공부를 하면서 원불교의 교리와 제도를 구상·초안하고, 또한 교단의 창립 방향을 계획하면서 창립 인연들을 만났다. 송규·송도성·오창건·송적벽·김남천·이청풍·김혜월 등의 제자들과 함께 공동생활을 하는데, 낮에는 산을 개간하여 농사를 짓고, 밤에는 제자들에게 견성성불하는 법설을 설하였다. 이를 주작야

선(晝作夜禪)의 생활이라 한다. 원기 8년(1923) 5월 봉래정사에서 서중안·서동풍 형제를 만난 것이 인연이 되어 이듬해 2월에 봉래정사를 나와 전주·서울·익산을 거쳐 9월에 익산총부를 건설하게 되었다. 또한 소태산 대종사는 봉래정사와 실상사 월명암 등지에서 당시의 선승 백학명·한만허 등과 친교를 맺어 많은 대화와 선문답을 나누기도 했다. 봉래정사를 중심한 이곳 내변산 일대는 원불교의 제2성지 또는 제법성지로서 많은 교도들이 순례하고 있다. 그러나 봉래정사와 실상사는 6·25 한국전쟁 때 불타 버렸고, 월명암만 현재까지 남아있다. 봉래정사터만 겨우 보존되어 오다가 원기 65년(1980)에 와서 소태산 대종사의 제법을 기리는 「일원대도비(一圓大道碑)」를 세웠다.

실상사(實相寺)

전북 부안군 산내면 중계리 내변산에 있던 절. 창건 연대는 정확히 알 수 없고, 조선 세조 때 나라에서 중창했다. 소태산 대종사가 원기 4년(1919) 10월경 이곳에 와서 보림공부 겸 원불교의 교리와 제도를 초안하며 잠시 머물렀다. 얼마후 실상사 부근에 봉래정사를 세우게 되었고 이곳 실상사 부근이 원불교의 제법성지가 되었다. 6·25 때 불타버리고 지금은 터만 남아 있다.

등상불 (等像佛)

서가모니불의 형상을 본따 만들어 놓은 불상(佛像). 대개 쇠·구리·흙 등으로 만든다. 서가모니불이 열반한 후 그 제자들이 부처님을 사모하는 마음이 간절하여 부처님을 닮은 형상을 만들어 놓고 이를 숭배하기 시작한 것이 그 유래라고 한다. 그러나 오랜 세월이 흐름에 따라 서가모니불의 법신을 숭배하는 것이 아니라 색신을 숭배하여 신앙의 대상으로 하는 경우가 있어 미신신앙과 형식불공에 떨어지는 폐단이 생기게 되었다. 등상불 신앙은 기복종교로 떨어지는 원인이 된다.

실지불공 (實地佛供)

우주 만유 전체의 진리성에 바탕하여 그 대상에 따라 직접 불공하는 것. 진리불공과 상대되는 말. 삼라만상이 모두 법신불의 응화신이므로 천지에게 당한 죄복은 천지에게, 부모에게 당한 죄복은 부모에게, 동포에게 당한 죄복은 동포에게, 법률에게 당한 죄복은 법률에게 직접 불공을 올리는 것이다. 천지에 대해서는 천지 팔도를 본받아 그대로 행하고, 부모에 대해서는 부모를 공경하고 잘 받들며, 동포에 대해서는 자리이타의 정신으로 감사 보은하고, 법률에 대해서는 모든 법률을 잘 지켜서, 사실적이고 실제적인 불공, 곧 사사불공을 하는 것이다. 이와같이 무시선 무처선의 수행, 처처불상 사사불공의 생활이 곧 실지불공의 생활이 된다. 사사천 물물천(事事天 物物天)·사인여천(事人如天)·시불(侍佛)·활불의 생활이 곧 실지불공이 된다. 일상생활 속에서 항상 경건한 생활, 땀흘리는 생활, 성실한 생활, 기도하는 생활, 남을 속이지 않는 생활이 곧 실지불공이 된다.

남은 계문을 다 능히 지키면 한 계문도 자연히 지킬 길이 생기게 되리니

교의품(敎義品) 제26장

대종사 부산 지방에 가시었더니, 교도(敎徒)* 몇 사람이 와서 뵈옵고 말하기를 「저희들이 대종사의 법을 한량없이 흠앙하오나, 다만 어업으로써 생계를 삼으므로 항상 첫 계문(戒文)*을 범하게 되오니, 이것이 부끄러워 스스로 퇴굴심이 나나이다.」 대종사 말씀하시기를 「근심하지 말라. 사람의 생업(生業)은 졸지에 바꾸기 어렵나니, 그대들이 받은 삼십 계문 가운데에 그 한 계문은 비록 범

한다 할지라도 그 밖의 스물 아홉 계를 성심으로 지킨다면 능히 스물 아홉 선을 행하여 사회에 무량한 공덕이 나타나리니, 어찌 한 조목을 수행하지 못 한다 하여 가히 지킬 만한 남은 계문까지 범하게 되어 더욱 죄고의 구렁에 들어가리요. 또는, 남은 계문을 다 능히 지키면 그 한 계문도 자연히 지킬 길이 생기게 되리니 이와 같은 신념으로 공부에 조금도 주저하지 말라.」

교도(敎徒) 원불교 신자 중에서 소정의 절차를 밟아 입교하고 법명을 받은 사람. 전무출신을 출가교도, 거진출진을 재가교도라 한다. 교도들은 의무를 이행해야 하고 교정 참여의 권리가 주어진다. 일반적으로 모든 종교의 신자를 교도라 한다.

계문(戒文) 계율의 조목. 죄를 범하지 못하게 하는 규정을 조목으로 정한 것. 원불교의 삼십계문, 불교의 오계 · 십계 · 이백오십계 · 오백계, 기독교의 십계명 · 산상수훈 등 여러 가지 형태가 있다.

기질과 심성의 수양력을 모두 갖추라

수행품(修行品) **제16장**

대종사 말씀하시기를 「수양력(修養力)*을 얻어 나가는 데 두 길이 있나니, 하나는 기질(氣質)*의 수양(修養)*이요 둘은 심성(心性)*의 수양이라, 예를 들면 군인이 실지 전쟁에서 마음을 단련하여 부동심(不動心)*이 되는 것은 밖으로 기질을 단련한 수양이요, 수도인이 오욕(五慾)*의 경계 중에서 마군(魔軍)*을 항복받아 순역(順逆)* 경계에 부동심이 되는 것은 안으로 심성을 단련한 수양이라, 군인이 비록 밖으로 기질의 수양력을 얻었다 할지라도 안으로 심성의 수양력을 얻지 못하면 완전한 수양력이 되지 못하고, 수도인이 또한 안으로 심성의 수양력은 얻었으나 실지의 경계에 단련하여 기질의 수양력을 얻지 못하면 또한 완전한 수양력이 되지 못하나니라.」

기질(氣質) (1) 인간의 성격을 특징지을 수 있는 감정적인 경향 (2) 정주학파(程朱學派)의 학설에 있어서 인간 본연(本然)의 성(性)에 대하여 혈기(血氣)에 의하여 후천적으로 생기는 성질

심성(心性) (1) 변하지 않는 참된 마음. 진심 또는 성품 (2) 사람이 선천적으로 타고난 성질. 전생 습관에 따라 착한 사람도 있고 악한 사람도 있다.

순역(順逆) (1) 순경(順境)과 역경 (2) 순리(順理)와 역리 (3) 순연(順緣)과 악연 (4) 공순(恭順)과 반역 (5) 정도(正道)를 쫓는 일과 거스르는 일

수양력 (修養力)

정신수양을 통해서 얻게 되는 마음의 힘. 정력(定力)이라고도 한다. 염불·좌선·심고·기도·주문 등을 통해서 수양력을 얻게 된다. 수양력을 얻으면 번뇌망상이 끊어져 마음이 편안해지고, 애착·탐착이 없어져 모든 일에 자유자재 할 수 있다. 천만경계를 당해도 마음이 끌려가지도 않고 흔들리지도 않아 석벽외면 철주중심(石壁外面 鐵柱中心)의 자주력이 생긴다. 생사를 해탈하고 죄복 고락을 자유로 하며 극락을 수용한다. 우주의 주인이 되고 역사 창조의 주체자가 된다.

수양(修養)

(1) 정신수양의 준말. 안으로 분별성과 주착심을 없게 하며, 밖으로 산란한 경계에 끌리지 아니하여, 두렷하고 고요한 정신을 양성하는 것.

(2) 도를 닦고 덕을 기르는 것. 심신을 단련하여 지혜와 덕행을 계발하는 것.

(3) 염불·좌선을 많이 하는 것. 몸에 있어서 수기(水氣)를 올리고 화기(火氣)를 내리며, 마음에 있어서 망념을 쉬고 진성(眞性)을 나타내는 것.

부동심 (不動心)

(1) 정신수양을 잘해서 마음이 천만경계에 부딪쳐서도 거기에 흔들리거나 움직이지 아니하는 마음.

인간의 마음은 변화무상해서 경계따라 흔들리고 찰나에도 변화한다.

경계에 흔들리며 변화무상한 마음으로는 진리를 깨칠 수도 없고 본래면목을 찾을 수도 없으며 평화로워질 수가 없다.

밖으로 경계를 대하되 태산교악과 같은 의지와 안으로 마음을 지키되 허공과 같은 청정심으로, 동(動)하여도 동하는 바가 없고 정(靜)하여도 정하는 바가 없는 마음이 곧 부동심이다.

천만경계가 내 마음에 와 부딪쳐도 그 경계가 마음속에 그림자를 남기지 않아 명경지수(明鏡止水) 같은 마음이 곧 부동심이다.

부동심이 되면 색(色) 경계에서도 색에 끌리지 않고 권세나 명예나 재물에도 흔들리지 않아 철주중심 석벽외변(鐵柱中心 石壁外面)의 수양력을 갖게 된다.

(2) 두려움 · 욕망 · 의혹 등에 흔들리지 않는 마음. 부귀에도 음란해지지 않고, 빈천에도 마음을 바꾸지 않으며, 위세나 무력에도 굴하지 않는 마음.

오욕(五慾)

(1) 중생심을 가진 인간이 갖고 있는 다섯 가지 기본적인 욕망. 식욕(食慾)·색욕(色慾)·재물욕·명예욕·수면욕을 말한다. 대개의 인간들은 이 다섯 가지 욕망을 충족시키기에 바쁘게 살아간다.

(2) 인간에게 있어서 모든 욕망의 근원이 되는 색(色)·성(聲)·향(香)·미(味)·촉(觸)의 다섯 가지 경계. 이를 오진(五塵)이라고도 한다.

마군(魔軍)

대도정법의 수행을 방해하는 무리. 악마의 군사, 공부·사업을 못 하게 방해하는 무리라는 말로, 요란·파괴·장애·살인자·악마라는 뜻. 마왕 파순이 마군을 거느리고 와서 석가모니불의 성불을 방해 했다는 데에서 유래한 말. 대도정법을 수행하는데 있어서 바깥 경계를 외마(外魔), 마음 속에서 일어나는 번뇌 망상을 내마(內魔)라 한다. 그러나 내마만 항복 받으면 외마는 자연히 물러가게 된다. 따라서 바깥 경계보다는 자기 마음 속에서 일어나는 번뇌망상·사심잡념·분별시비·시기질투·삼독오욕 등이 신앙과 수행을 방해하는 마군이 된다. 지극한 서원과 용맹정진으로 마음 속에서 일어나는 마군을 물리쳐야만 수행의 공을 쌓을 수 있게 된다.

부귀가 온다고 기뻐하지 아니하고
부귀가 간다고 근심하지 아니 하였나니

인도품(人道品) 제27장

대종사 산업부에 가시니 목장의 돼지가 퍽 야위었는지라 그 연유를 물으시매, 이동안(李東安)*이 사뢰기를 「금년 장마에 약간의 상한 보리를 사료로 주는 동안에는 살이 날마다 불어 오르더니, 얼마 전부터 다시 겨를 주기 시작 하였삽더니 그 동안 습관들인 구미를 졸지에 고치지 못하여 잘 먹지 아니하고 저 모양으로 점점 야위어 가나이다.」 대종사 말씀하시기를 「이것이 곧 산 경전(經

典)*이로다. 잘 살던 사람이 졸지에 가난해져서 받는 고통이나, 권세 잡았던 사람이 졸지에 위를 잃고 받는 고통이 이와 다를 것이 없으리라. 그러므로, 예로부터 성현들은 모두 이 인간 부귀를 심상시하여 부귀가 온다고 그다지 기뻐하지도 아니하고 부귀가 간다고 그다지 근심하지도 아니하였나니, 옛날 순임금은 밭 갈고 질그릇 굽는 천역을 하던 사람으로서 천자의 위를 받았으나 거기에 조금도 넘치심이 없으셨고, 서가세존께서는 돌아오는 왕위도 버리시고 유성 출가(出家)*하셨으나 거기에 조금도 애착(愛着)*됨이 없으셨나니, 이 분들의 부귀에 대한 태도가 그 얼마나 담박하였으며 고락을 초월하는 힘이 그 얼마나 장하였는가. 그런즉, 그대들도 도에 뜻하고 성현을 배우려거든 우선 편하고 우선 즐겁고, 우선 권세 잡는 데

애착(愛着) (1) 사랑·사랑하는 사람·사랑하는 물건에 대한 지나친 집착. 애는 은애(恩愛)·친애, 착은 집착·염착(染着)의 뜻. 매우 끊기 어려운 애욕의 번뇌. (2) 사랑하고 아끼는 마음을 끊고 단념하지 못하는 것. (3) 자기의 소견이나 소유물을 지나치게 아끼고 집착하는 것.

에 눈이 어둡지 말고 도리어 그것을 사양하며, 설사 부득이 그러한 경우에 처할지라도 거기에 집착하지도 말고 타락하지도 말라. 그러면 참으로 영원한 안락, 영원한 명예, 영원한 권위를 누리게 되리라.」

이동안(李東安)

1892~1940년. 본명 형천(亨天), 법호 도산(道山). 전남 영광에서 출생. 원기 2년(1917) 이재철의 인도로 소태산 대종사를 뵙고 제자 되기를 서원하였다.

원기 9년(1924)에 출가하여 익산 총부 건설에 참여하였다. 그는 초기 교단에서 송혜환과 더불어 사업계의 대표적 인물이었다. 이리 보화당의 창설과 발전에 크게 기여하였고, 총부 산업부의 발전도 그의 힘이 크게 작용하였다. 그는 수행에도 적공하여 이사병행의 표준을 보여 주었다.

출가 이전에도 그는 1910년대의 농촌 운동가로서 그의 고향인 신흥마을에 야학을 실시하여 문맹 퇴치에 힘쓰고, 상조조합을 설치하여 마을 사람들의 생활을 향상시켰다.

함평 이씨들이 대부분을 차지하는 그의 마을에서 친족들이 모두 원불교에 귀의하고, 그의 뒤를 이어 많은 전무출신이 배출되었다. 대봉도 법훈을 받았다.

경전 (經典)

(1) 원불교의 각종 교서. 〈정전〉·〈대종경〉·〈불조요경〉·〈정산종사법어〉 등.

(2) 종교 생활에 근본이 되는 성전(聖典). 「경」은 피륙의 주축이 되는 날실, 「전」은 기준으로 삼아야 할 법칙을 적은 책이라는 뜻.

(3) 성현이 지은 글, 성현의 언행을 기록한 책. 이상의 경전은 모두 문자로 기록된 경전이다. 그 밖에도 성현의 언행·심법도 경전이요 인간 세상에 일어나는 모든 일이나 역사적 사건 또는 우주의 자연현상도 다 경전이다. 따라서 언어 문자로 된 경전이야 물론 잘 볼 줄 알아야 하겠지만 현실 경전·만물 경전도 잘 볼 줄 알아야 한다.

출가(出家)

(1) 몸과 마음을 원불교의 발전과 제생의세의 큰 사업을 성취하기 위하여 전무출신 하는 것.

(2) 자기 한 몸의 부귀 영화를 버리고 세상에 헌신 봉공하여 중생 제도 하기 위하여 집을 떠나 출가 수행자가 되는 것.

(3) 소아(小我)·망아(忘我)를 버리고 대아(大我)·진아(眞我)를 실현하는 것.

(4) 서가모니불이 싯다르태자의 몸으로 왕국의 부귀 영화를 버리고 왕성을 넘어 입산수도의 길을 떠난 것.

참으로 안타까운 일이로다

인도품(人道品) **제32장**

　대종사 봉래정사에 계실 때에 마침 큰 장마로 초당 앞 마른 못에 물이 가득하매 사방의 개구리가 모여 들어 많은 올챙이가 생기었더니, 얼마 후에 비가 개이고 날이 뜨거우매 물이 점점 줄어 들어 며칠이 못 가게 되었건마는 올챙이들은 그 속에서 꼬리를 흔들며 놀고 있는지라, 대종사 보시고 말씀하시기를 「참으로 안타까운 일이로다. 일 분 이 분 그 생명이 줄어가고 있는 줄도 모르고 저와같이 기운좋게 즐기는도다. 그러나, 어찌 저 올챙이들 뿐이리요. 사람도 또한 그러하나니, 수입 없이 지출만 하는 사람과 현재의 강(强)을 남용만 하는 사람들의 장래를 지혜 있는 사람이 볼 때에는 마르는 물 속에 저 올챙이들과 조금도 다름 없이 보이나니라.」

작은 실수가 도리어
큰 성공의 바탕이 되나니라

인도품(人道品) 제38장

대종사 말씀하시기를 「사람이 무슨 일을 시작하여 한 가지도 그르침이 없을 때에는 그 일을 잘 해보려는 성의가 계속 되다가도 중간에 혹 한두 번 실수를 하고 보면 그만 본래 마음을 다 풀어 버리고 되는 대로 하는 수가 허다하나니, 이것은 마치 새 옷을 입은 사람이 처음에는 그 옷을 조심하여 입다가도 때가 묻고 구김이 지면 그 주의를 놓아 버리는 것과 같나니, 모든 일을 다 이와같이 한다면 무슨 성공이 있으리요. 오직 철저한 생각과 큰 경륜(經綸)*을 가진 사람은 무슨 일을 하다가 혹 어떠한 실수를 할지라도 그것을 전감 삼아 미래를 더욱 개척은 할지언정 거기에 뜻이 좌절되어 당초의 대중을 놓아 버리지는 아니하나니, 이러한 사람에게는 작은 실수가 도리어 큰 성공의 바탕이 되나니라.」

경륜(經綸) (1) 천하 만생령을 두루 제도해 가는 일 (2) 일을 조직적으로 잘 계획하는 것

위를 섬김에 충성을 다하였고
아래를 거느림에 사랑을 다하였나니

인도품(人道品) 제52장

대종사 말씀하시기를 「이 충무공(李忠公)은 그 마음 쓰는 것이 도(道)*가 있었도다. 그는 높은 위에 있으나 마음에 넘치는 바가 없어 모든 군졸과 생사고락을 같이 하였고, 권세를 잃어 일개 마졸이 되었으나 또한 마음에 원망과 타락이 없이 말 먹이는 데에 전력을 다하여 말을 살찌게 하며, 때로 말에게 이르기를 "네 비록 짐승일지언정 국록(國祿)을 먹고 이만큼 자랐으니 국가 존망의 시기를 당하여 힘을 다하라"고 타일렀다 하며, 편안하고 명예스러운 일은 다른 장군에게 돌리고 어렵고 명색 없는 일은 자신이 차지하여 오직 위를 섬김에 충성을 다하였고 아래를 거느림에 사랑을 다하였으니, 과연 그는 지(智)와 덕(德)을 겸비한 성장(聖將)이라, 나라 일이나 천하 일을 하는 사람들이 다 같이 거울 삼을 만한 분이니라.」

도(道)

불교·도교·유교 등 동양종교에서 광범위하고 다양한 뜻으로 사용되고 있다. (1) 원불교의 입장 : 우주의 대기(大機)가 자동적으로 운행하는 천지의 도와 사람으로서 당연히 행해야 할 인도, 곧 진리, 일원상의 진리작용을 말한다. 우주의 대기가 무위이화 자동적으로 운행하는 대도(大道)에 따라 대덕(大德)이 나타나서 만물은 생명을 유지하고 형체를 보존하게 된다. 천지의 도는 곧 천지 팔도(八道)인데 ① 일원의 광명과 인과의 원리를 나타내는 지극히 밝은 도 ② 우주 만물을 생존시키는데 있어서 조금이라도 소홀히 하거나 잠시라도 중단하지 않는 지극히 정성스러운 도 ③ 천지 만물을 차별 없이 공변되게 생성시키는 지극히 공정한 도 ④ 우주 만유가 질서정연하게 움직여 가는 순리자연한 도 ⑤ 만물을 무한하게 포용하여 생존시키는 광대무량한 도 ⑥ 우주 만물이 영원한 세월에 순환불궁하는 영원 불멸한 도 ⑦ 우주가 길흉(吉凶)의 구별 없이 유유자적하게 운행하는 길흉 없는 도 ⑧ 우주 만유를 생성 보존시키면서도 작용의 흔적이 없는 응용무념한 도 등을 천지 팔도라 한다.

인도(人道)란 인간으로서 마땅히 행하고 걸어가야 할 도리, 또는 길을 말한다. 부모의 입장에서, 자녀의 입장에서, 형제의 입장에서, 부부의 입장에서, 국민의 입장에서, 직장인의 입장에서 당연히 해야 할 도리·역할 등을 인도라 한다. 천도와 인도 중 가장 큰 도는 생멸 없는 도와 인과보응의 이치로서 하늘과 땅과 사람이 모두 여기에 근본 하였다고 한다.

(2) 도교의 입장 : 우주의 본체, 우주 만물의 근원을 도라고 한다. 형이상학적인 우주의 본체로서 이름을 붙일 수도 없고, 형상도 없어서, 감각과 사유(思惟)로써는 파악할 수가 없다.

〈도덕경〉에 「도를 가히 도라고 이름한다면 떳떳한 도가 아니요…(道可道 非常道…)」라 하였다. 또 「한 물건이 있어 혼융하게 이루어져서 먼저 천지가 나왔다. 한없이 적적하고 요요하여 홀로 서서 고치지 아니하고 두루 행하되 다함이 없어서 가히 천하의 모체가 되었도다. 내가 그 이름을 알지 못하여 도라고 불러본다(有物混成 先天地生 寂兮寥兮 獨立而不改 周行而不殆 可以爲天下母 吾不知其名 字之曰道)」라 하였다. 이처럼 도교의 입장에서 도는 절대성을 가진 개념으로 신(神)·부처(佛)·진리와 같은 뜻으로 사용된다.

(3) 유교의 입장 : 인간의 윤리적 실천에 중점을 두고 있다. 사람이 실천해야 할 규범, 또는 인륜으로서 삼강오륜(三綱五倫) 등을 도라고 한다. 공자는 「도는 인생에서 멀지 않으니 인간이 도를 행하는데 인생으로부터 멀게 하면 그것은 도라고 할 수 없다」고 하였다. 자사는 「도라는 것은 잠시도 인생을 떠나서는 안되는 것이니 인생에서 떠난다면 그것은 도가 아니다」고 하였다. 이처럼 유교에서는 도를 인생과 직결시키고 실천

을 강조한다. 도라는 것은 통하는 것(通也), 행하는 것(行也), 도달하는 것(達也), 여는 것(開也), 곧은 것(直也), 큰 것(大也), 배우는 것(學也), 다스리는 것(治也) 등 여러 가지 뜻으로 사용되고 있다.

(4) 불교의 입장 : 좋은 의미로서는 근본 · 원리 · 법 · 진리 · 공(空) · 진여 등의 뜻으로 사용된다. 이러한 입장에서는 원불교의 입장과 같은 것이다. 나쁜 의미로는 삼악도(三惡道) · 사도(邪道) 등의 뜻으로도 사용된다.

(5) 동양의 도덕이나 예술에서 그 중심을 흐르고 있는 것으로 생각되어 온 가장 근원적인 원리 · 원칙을 도라고 한다. 마땅히 지켜야 할 도리로서 도에서 벗어나는 것은 부도덕한 것이며, 예술 작품의 경우에 불완전한 것으로 생각한다.

한 물건이 이로움을 보매
한 물건이 해로움을 당하는도다

인과품(因果品) 제12장

대종사 봉래정사에 계시더니 마침 포수가 산돼지를 그 근처에서 잡는데 그 비명소리 처량한지라, 인하여 말씀하시기를 「한 물건이 이로움을 보매 한 물건이 해로움을 당하는도다.」 하시고, 또 말씀하시기를 「산돼지의 죽음을 보니 전날에 산돼지가 지은 바를

가히 알겠고, 오늘 포수가 산돼지 잡음을 보니 뒷날 포수
가 당할 일을 또한 가히 알겠도다.」

삼세인과가 어찌 그리 빠르리요

인과품(因果品) **제31장**

　대종사 영산에 계실 때에 하루는 채포(菜圃)에 나가시니, 채포 가에 있는 분항에 거름 물이 가득하여 뭇 벌레가 화생하였는데, 마침 쥐 한 마리가 그것을 주워 먹고 가는지라, 밭을 매던 제자들이 「저 쥐가 때로 와서 저렇게 주워 먹고 가나이다.」 하거늘, 대종사 말씀하시기를 「지금은 저 쥐가 벌레들을 마음대로 주워 먹으나 며칠 안에 저 쥐가 벌레들에게 먹히는 바 되리라.」 제자들이 말씀 뜻을 충분히 이해하지 못하여 "삼세인과(三世因果)*가 어찌 그리 빠르리요" 하였더니, 며칠 후에 과연 그 쥐가 분항에 빠져 썩기 시작하매 뭇 벌레가 그 쥐를 빨아먹고 있는지라, 대종사 말씀하시기를 「내가 전일에 한 말을 그대들은 이상히 생각하는 듯 하였으나 나는 다만 그 기틀을 보고 말한 것 뿐이니라. 당시에는 분항 속에 거름이 가득하므로 쥐가 그 위를 횡행하며 벌레를 주워 먹었으나, 채소 밭을 매고서는 응당 그 거름을 퍼서 쓸 것이요, 그러면 그 항속은 깊어져서 주의 없이 드나들던 저 쥐가 반드시 항속에 빠져 죽을 것이며 그러하면 뭇 벌레의 밥이 될 수 밖에 없는 것을 미리 추측한 것이니라.」 하시고, 이어서 말씀하시기를 「사람의 죄복간 인과도 그 일의 성질에 따라 후생에 받을 것은 후생에 받고 현생에 받을 것은 현생에 받게 되는 것이 이와 다를 것이 없나니라.」

삼세인과 (三世因果)

과거 · 현재 · 미래를 통하여 영원히 유전하는 인과관계. 무한히 계속되는 삼세를 통해 순환불궁하는 인과의 법칙. 과거 생의 인(因)이 현재 생의 과(果)로 나타나고, 현재 생의 과는 다시 인이 되어 내생의 과로 나타난다. 이와 같이 삼세가 무한한 시간이듯이 인과도 또한 무한히 유전하는 것이다. 중생의 눈으로는 삼세를 관통해 볼 지혜가 없기 때문에 삼세인과를 잘 알 수 없으나, 부처님의 눈에는 삼세를 관통해 볼 지혜가 있기 때문에 삼세인과를 손바닥 위의 구슬처럼 훤히 들여다보게 되는 것이다. 삼세인과를 통해서 보면 가는 자가 오는 자요, 오는 자가 가는 자이며, 주는 자가 받는 자요, 받는 자가 주는 자이며, 죽는 자가 사는 자요, 사는 자가 죽는 자가 되는 것이다. 그래서 생사 일여라 생사가 따로 없는 것이다.

묻어준 거름은 그 기운이
오래가고 든든하나니

변의품(辨疑品) 제28장

한 제자 여쭙기를 「유상보시(有相布施)*와 무상보시(無相布施)*의 공덕의 차이가 어떻게 다르나이까.」 대종사 말씀하시기를 「보시를 하는 것이 비하건대 과수에 거름을 하는 것과 같나니 유상보시는 거름을 위에다가 흩어주는 것 같고 무상보시는 거름을 한 후에 묻어 주는 것 같나니라. 위에다가 흩어준 거름은 그 기운이 흩어지기 쉬운 것이요, 묻어 준 거름은 그 기운이 오래가고 든든하나니, 유상보시와 무상보시의 공덕의 차이도 또한 이와 같나니라.」

유상보시(有相布施) 다른 사람에게 보시를 하고나서, 보시를 했다는 관념과 상(相)이 남아 있는 보시. 유상보시에서 오게 되는 복은 한정이 있고, 때로는 상대방이 갚지 않으면 원망심이 일어나 오히려 죄업을 지을 경우도 있다. 그러므로 반드시 무상(無相)보시라야 무루복을 받게 된다.

무상보시(無相布施) 마음 속에 아무런 상(相)이 없이 베푸는 보시. 보시를 할 때에 내가 누구에게 무엇을 주었다는 생각이 없이 텅 빈 마음으로 베푸는 보시. 오직 베풀기만 할 뿐 보답을 바라지 않는 보시. 무상 보시라야 무루복이 되고 유상보시는 유루복이 된다.

저들이 다 우리집 부처니라

성리품(性理品) 제29장

대종사 조실에 계시더니, 때마침 시찰단 일행이 와서 인사하고 여쭙기를 「귀교의 부처님은 어디에 봉안하였나이까.」 대종사 말씀하시기를 「우리 집 부처님은 방금 밖에 나가 있으니 보시려거든 잠깐 기다리라.」 일행이 말씀의 뜻을 알지 못하여 의아하게 여기더니, 조금 후 점심 때가 되매 산업부원 일동이 농구를 메고 들에서 돌아오거늘 대종사 그들을 가리키시며 말씀하시기를 「저들이

다 우리 집 부처니라.」 그 사람들이 더욱 그 뜻을 알지 못하나니라.

생사의 이치를 알고
고락의 원리를 헤아리라

천도품(薦度品) 제6장

    대종사 서울 박람회에서 화재 보험 회사의 선전 시설을 보시고 한 감상을 얻었다 하시며, 말씀하시기를 「우리가 항상 말하기를 생사 고락에 해탈(解脫)*을 하자고 하지마는 생사의 원리를 알지 못하면 해탈이 잘 되지 않을 것이니, 만일 사람이 한 번 죽으면 다시 회복되는 이치가 없다고 생각할진대 죽음의 경우를 당하여 그 섭섭함과 슬픔이 얼마나 더하리요. 이것은 마치 화재 보험에

들지 못한 사람이 졸지에 화재를 당하여 모든 재산을 일시에 다 소실한 것과 같다 하리라. 그러나, 그 원리를 아는 사람은 이 육신이 한 번 나고 죽는 것은 옷 한 벌 갈아 입는 것에 조금도 다름이 없을 것이니, 변함에 따르는 육신은 이제 죽어진다 하여도 변함이 없는 소소(昭昭)한 영식(靈識)*은 영원히 사라지지 아니하고, 또 다시 다른 육신을 받게 되므로 그 일 점의 영식은 곧 저 화재 보험 증서 한 장이 다시 새 건물을 이뤄내는 능력이 있는 것 같이 또한 사람의 영생을 보증하고 있나니라. 그러므로, 이 이치를 아는 사람은 생사에 편안할 것이요, 모르는 사람은 초조 경동할 것이며, 또는 모든 고락(苦樂)*에 있어서도 그 원리를 아는 사람은 정당한 고락으로 무궁한 낙을 준비할 것이나, 그렇지 못한 사람은 그러한 희망이 없고 준비가 없는지라 아득한 고해에서 벗어날 기약이 없나니, 생각이 있는 이로 이런 일을 볼 때에 어찌 걱정스럽지 아니하며 가련하지 아니하리요.」

해탈 (解脫)

일체의 속박에서 벗어나 자유롭게 되는 것. 인간의 근본적 아집·집착으로부터의 해방을 말한다. 범부·중생은 탐욕·애착·분노·어리석음 등 온갖 구속과 속박으로부터 해방되어 자유를 얻는 것이 해탈이다. 해탈을 얻기 위해서는 선정(禪定)을 닦아 반야의 지혜를 증득해야 한다. 해탈이 곧 불법 수행의 궁극 목적이 된다.

영식 (靈識)

(1) 식(識)의 작용이 신령스럽다는 뜻에서 영식이라 한다. 식은 경계를 대해서 인식하는 마음의 작용을 말한다. 마음의 작용은 경계를 대해서 천변만화하고 무궁무진한 조화를 나타내므로 영식이라고 한다. 식은 좁은 의미로는 유정물에게만 있으나, 넓은 의미로는 유정·무정이 다 갖고 있다.

(2) 영혼의 의식작용. 사람이 죽어도 그 영혼은 의식작용을 계속하므로 영식이라고 한다.

고락 (苦樂)

마음과 몸이 괴롭고 슬픈 것을 고(苦)라 하고, 기쁘고 즐거운 것을 낙(樂)이라 한다. 인간이면 누구나 다 고락 속에서 살아간다. 그래서 일찍부터 고락상반이라고 하게 되었다. 인간이면 누구나 즐거움을 좋아하고 괴로움은 싫어한다. 인간의 고통을 사고팔고(四苦八苦)라 한다. 사고는 생·로·병·사를 말하고, 팔고는 생·로·병·사의 사고에다 사랑하는 사람과 헤어지게 되는 고통(愛別離苦), 원수와 만나게 되는 고통(怨憎會苦), 구해도 얻지 못하는 고통(求不得苦), 오온이 치성한 고통(五陰盛苦)을 합쳐서 말하는 것이다. 즐거움에는 보통 인간들의 오욕락, 수행인들의 천상락, 불보살들의 고락을 초월한 무상극락 등이 있다. 오욕락이란 중생심을 가진 인간들이 갖는 식욕·색욕·재물욕·명예욕·수면욕이다. 인간들은 이 오욕이 충족되면 즐거워하나 사실은 오욕락에서 벗어나지 못하면 오히려 더 큰 고통을 받게 된다. 천상락은 생·로·병·사를 해탈하고 육도 윤회를 초월하여 심신의 자유를 얻는 즐거움이다. 그러나 천상락을 얻었다 할지라도 계속해서 수행정진하지 않으면 다시 육도 윤회에 떨어질 수도 있다. 무상극락은 적적성성한 자성불을 깨쳐 마음의 자유를 얻고 생사를 자유로 하여, 취할 것도 없고 버릴 것도 없고 사랑할 것도 없고 미워할 것도 없어서 삼계육도가 평등일미요 동정역순이 무비삼매가 되어 고락을 다 잊어버리는 경지이다. 고락에는 우연히 오는 고락도 있고, 스스로 지어서 받는 고락도 있다. 정당한 고락도 있고 부당한 고락도 있다. 현재 자신이 받고 있는 고락이 정당한 고락인지 부당한 고락인지를 먼저 알아야 한다. 고에서 또다시 고를 가져오고, 낙에서 고를 가져오는 것은 부당한 고락이다. 고에서 낙을 불러오고, 낙에서 낙을 불러오는 것이 정당한 고락이다. 부당한 고락을 버리고 정당한 고락을 불러오도록 노력하는 것이 마음공부다. 범부중생과 불보살은 고락을 수용하는 자세가 다르다. ① 중생은 고락의 원인을 모르고 살아가기 때문에 늘 불안한 마음이 일어나고, 불보살은 고락의 원인을 알고 살기 때문에 늘 기쁜 마음이 일어난다. ② 중생은 인과의 이치를 몰라서 죄짓기에 바빠 고락에서 벗어날 기약이 없고, 불보살은 인과의 이치를 알아서 복짓기에 바빠 세세생생 고를 잊어버리고 살아간다. ③ 중생은 고에서 고를 불러오고 낙에서도 고를 불러와 영원히 고통속을 헤매게 되고, 불보살은 고에서 낙을 불러오고 낙에서도 낙을 불러와 영원히 낙 속에서 살아간다. 인간 세상에는 항상 고통과 즐거움이 있다. 인생살이는 고락의 연속이다. 현실생활에서 고를 벗어나 낙을 얻기 위해서는 ① 고락의 원인이 무엇인지를 먼저 알아야 한다. ② 원인을 안 다음에는 고를 버리고 낙을 가져오도록 노력해야 한다. ③ 세상속에서 살아가면서 함부로 자기 생각대로 자행자지 하지 말아야 한다. ④

몸과 마음을 마음공부로 길들여서 나쁜 습관을 제거하고 기질변화를 시켜간다. ⑤ 모든 일에 땀흘리는 노력없이 쉽게 이루고자 하는 욕심을 갖지 말아야 한다. 인간인 이상 육체적 고통과 정신적 고뇌를 갖지 않을 수 없다. 고락에 끌려다니면 영원히 고락에서 벗어나지 못한다. 고락을 극복하여 고락을 잊어버리면 무상극락을 얻게 된다. 선과 악, 죄와 벌, 번뇌와 보리, 극락과 지옥이 한 마음 차이일 뿐이다. 고와 낙도 역시 한 마음 차이인 것이다.

참으로 영원한 나의 소유

천도품(薦度品) **제17장**

  대종사 말씀하시기를 「사람이 평생에 비록 많은 전곡을 벌어 놓았다 하더라도 죽을 때에는 하나도 가져가지 못하나니, 하나도 가져 가지 못하는 것을 어찌 영원한 내 것이라 하리요. 영원히 나의 소유를 만들기로 하면, 생전에 어느 방면으로든지 남을 위하여 노력과 보시를 많이 하되 상(相)에 주함이 없는 보시로써 무루(無漏)*의 복덕을 쌓아야 할 것이요, 참으로 영원한 나의 소유는

정법(正法)*에 대한 서원(誓願)*과 그것을 수행(修行)*한 마음의 힘이니, 서원(誓願)*과 마음 공부에 끊임 없는 공을 쌓아야 한 없는 세상에 혜복의 주인공이 되나니라.」

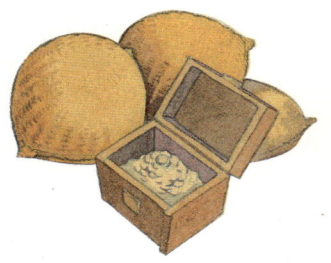

무루(無漏) 누(漏)는 번뇌의 다른 이름. 번뇌를 떠났다, 번뇌가 없다, 번뇌와 함께 있지 않다는 뜻. 유루(有漏)에 상대되는 말.

서원(誓願) (1) 전무출신 하기를 법신불 전에 올리는 맹세. (2) 불보살이 중생을 제도하려는 맹세. 모든 불보살이 사홍서원(四弘誓願)을 갖는다. (3) 중생들이 삼독오욕심을 버리고 불보살이 되려고 맹세하고 소원하는 것.

정법(正法)

(1) 대도 정법의 준 말. (2) 바른 교법·인의 대도. 소태산 대종사나 서가모니불의 가르침. 일체중생을 제도하여 불보살의 길로 이끌어 주는 교법이라는 말.
(3) 정법시(正法時)라는 뜻. 정법이 행해지는 시기로서, 서가모니불 입멸 후 약 5백년 또는 1천년 동안의 시기를 말한다.

수행(修行)

(1) 종교적인 절대적 인격을 이루기 위하여 성현의 가르침대로 실천궁행 하는 것. 삼학 수행을 병진하는 것. 수양한 것을 행동과 실천으로 나타내는 것. 동정일여·신행일치·지행일

치·언행일치 하는 것.

(2) 도덕적으로 완성된 인격을 이루기 위하여 행실을 닦아가는 것.

(3) 수(修)는 지혜를 밝히는 것, 행(行)은 복덕을 쌓아가는 것. 복과 혜를 아울러 닦아가는 것.

(4) 수는 공부, 행은 사업. 공부와 사업을 병행해 가는 것.

(5) 수는 무아의 경지에 들어가는 것, 행은 봉공행을 하는 것. 무아봉공이 곧 수행.

(6) 수는 일원의 체성에 합하는 것. 행은 일원의 위력을 얻는 것. 종교에 있어서 수행은 신앙과 표리의 관계이다. 수행을 잘 하는 것은 신앙이 투철하다는 것이요, 신앙이 깊으면 수행도 철저하게 된다. 신앙과 수행은 결코 모순·대립의 관계가 아니다.

마음을 항상 챙기고 또 챙겨
신앙으로 환경을 지배하라

신성품(信誠品) **제12장**

대종사 금강산을 유람하고 돌아오시어 대중에게 말씀하시기를 「내가 이번에 산에서 유숙한 여관의 주인이 마침 예수교인으로서 그 신앙이 철저하여 대단한 낙 생활을 하고 있기에 그의 경력을 물어보았더니, 그는 신앙 생활 삼십 여년에 자기의 생활상에 많은 풍파도 있었으나 그러한 굴곡을 당할 때마다 좋은 일이 돌아오면 하나님께서 사랑하여 주시니 감사하고 낮은 일이 돌아오면

저의 잘못을 경계(境界)*하여 주시니 또한 감사하다 하여, 좋으나 낮으나 경계를 대할 때마다 마음이 더욱 묶어지고 신앙이 더욱 깊어져서 이렇듯 낙 생활을 하게 되었다고 하더라. 그런즉, 그대들도 각각 신앙 정도를 마음 깊이 대조하여 보라. 그 사람은 아직 타력 신앙에 그치어 진리의 근본을 다 더위잡지 못하였으나 그러한 생활을 하게 되었거든 하물며 자력신(自力信)*과 타력신(他力信)*을 병진(竝進)*하는 그대들로서 만일 파란 곡절에 조금이라도 마음이 흘러간다면 그 어찌 바른 신앙이며 참다운 정성이라 하겠는가. 그대들은 같은 신앙 가운데에도 이 원만하고 사실다운 신앙처를 만났으니 마음을 항상 챙기고 또 챙겨서 신앙으로 모든 환경을 지배는 할지언정 환경으로 신앙이 흔들리는 용렬한 사람은 되지 말라.」

경계 (境界)

(1) 인과의 이치에 따라서 일상생활 속에서 늘 부딪치게 되는 모든 일들. 생로병사 · 희로애락 · 빈부귀천 · 시비이해 · 염정미추 · 삼독오욕 · 부모형제 · 춘하추동 · 동서남북 등 인간 생활의 모든 일이 다 경계이다.

(2) 나와 관계되는 일체의 대상. 나를 주(主)라고 할 때 일체의 객(客)이 경계가 된다.

(3) 시비 · 선악이 분간되는 한계.

(4) 수행으로 도달한 결과. 이 경우 경애(境涯)라고도 한다. 인간은 항상 경계 속에서 살아가고, 경계 속에서 자기 자신을 확인하게 되며, 경계가 곧 삶의 내용이기도 하다. 사람이 살아가면서 부딪치게 되는 경계는 역경(逆境)과 순경(順境), 또는 내경(內境)과 외경(外境)으로 구별하기도 한다. 정산 종사는 역경 · 순경 · 공경(空境)으로 구분하였다. 사람은 항상 경

계속에서 살아가기 때문에 삼대력도 현실의 경계 속에서 길러지는 것이요, 그 사람의 참 가치도 경계속에서 나타나는 것이다. 천만 경계 속에서 살아가면서도 경계에 끌려가거나 물들지 않고, 나와 경계를 다 잊어 버리고 하나가 되는 경지 곧 주객일체(主客一體) 물심일여(物心一如)의 경지가 바로 해탈의 세계이다.

자력신 (自力信)

자성삼보, 곧 자기의 자성 속에서 불 · 법 · 승 삼보를 발견하여 믿고 수행하는 것. 자성속의 불은 각(覺), 법은 정(正), 승은 정(淨)이라는 뜻. 자력신과 타력신은 서로 근본이 되고 도움이 되므로, 아울러 신앙하고 수행해야만 원만한 결과를 얻을 수 있게 된다.

타력신 (他力信)

타력에 대한 믿음. 곧 일원상 · 부처님 · 하나님 등 절대자의 위력을 믿고 의지하여 구제받고 성불할 것을 믿는 것. 그러나 타력신에만 의지하거나, 자력신만 믿어도 안되므로, 타력신과 자력신을 병행해야 큰 힘을 얻게 된다.

# 병진 (竝進)

아울러 닦아 나아간다는 뜻. 어느 한 편에 치우치지 않고 두루 원만하게 수행을 아울러 하여 완전한 인격을 이루어가는 것. (1) 정신수양·사리연구·작업취사의 삼학수행 병진 : 사람은 저마다 특성과 장점이 다르기 때문에 삼학 중 어느 한 편에 치우친 수행을 하기 쉽다. 삼학 수행을 병진하지 않으면 한편에 치우쳐 편벽되기 쉽고, 한편이 능하면 한편이 부족하기 쉽다. 삼학병진 수행이 없이 성불하려는 사람은 도가의 모리배와 같다고 한다.

(2) 신앙과 수행의 병진 : 수행없는 신앙은 무명(無明)이 더하여 맹신(盲信)에 떨어지기 쉽고, 신앙없는 수행은 사견(邪見)에 빠져 타락하기 쉽다.

(3) 진리신앙과 사실신앙, 자력신앙과 타력신앙, 이념적 신앙과 체험적 신앙이 병진되어야 원만한 신앙이 된다.

매사를 오직 든든하고
떳떳한 길로만 밟아 행하라

실시품(實示品) 제30장

한 제자 교중 초가 지붕을 이면서 나래만 두르고 새끼는 두르지 아니 하는지라, 대종사 말씀하시기를 「밤 사이라도 혹 바람이 불면 그 이어 놓은 것이 허사가 아닌가.」 하시었으나, 「이 지방은 바람이 심하지 아니하옵니다.」 하며 그대로 두더니, 그 날 밤에 때 아닌 바람이 일어나 지붕이 다 걷혀 버린지라, 그 제자 송구하여 어찌할 바를 알지 못하며 「대종사께서는 신통으로 미리 보시고 가르쳐 주신 것을 이 어리석은 것이 명을 어기어 이리 되었나이다.」 하거늘, 대종사 말씀하시기를 「이번 일에는 그 든든하고 떳떳한 길을 가르쳐 주었건마는 그대가 듣지 아니하더니, 이제는 도리어 나를 신기한 사람으로 돌리니 그 허물이 또한 더 크도다. 그대가 나를 그렇게 생각한다면 그대는 앞으로 나에게 대도정법(大道正法)*은 배우지 아니하고 신기한 일만 엿볼 터인즉, 그 앞 길이 어찌 위태하지 아니하리요. 그대는 곧 그 생각을 바로잡고 앞으로는 매사를 오직 든든하고 떳떳한 길로만 밟아 행하라.」

대도정법(大道正法) 대도(大道)를 더욱 강조하는 말. 대도나 정법은 같은 말인데, 삼학 팔조 사은 사요의 대경대법(大經大法)은 일체중생을 바른 길로 인도해서 생사해탈과 진급상생의 길로 이끌어주기 때문에 대도정법이라 한다. 대도정법을 믿고 수행하면 누구나 악도에 떨어지지 않고 성불제중하게 된다.

정금 같은 불보살을 이루라

교단품(敎團品) 제8장

정양선(丁良善)* 등이 식당 고역에 골몰하여 얼굴이 빠져감을 보시고, 대종사 말씀하시기를 「너희가 일이 고되어 얼굴이 빠짐이로다. 너희들이 이 공부 이 사업을 하기 위하여 혹은 공장 혹은 식당 혹은 산업부(産業部) 등에서 모든 괴로움을 참아 가며 힘에 과한 일을 하는 것은 비하건대 모든 쇠를 풀무 화로에 집어 넣고 달구고 또 달구며 때리고 또 때려서 잡철은 다 떨어 버리고 좋은 쇠를 만들어 세상에 필요한 기구를 제조함과 같나니, 너희들이 그러한 괴로운 경계 속에서 진리를 탐구하며 삼대력(三大力)*을 얻어 나가야 범부의 잡철이 떨어지고 정금(精金)* 같은 불보살(佛菩薩)*을 이룰 것이라, 그러므로 저 풀무 화로가 아니면 능히 좋은 쇠를 이뤄내지 못할 것이요 모든 괴로운 경계의 단련이 아니면 능히 뛰어난 인격을 이루지 못하리니, 너희는 이 뜻을 알아서 항상 안심과 즐거움으로 생활해 가라.」

정양선(丁良善) 1914~1986 본명 연홍(連弘), 법호 덕타원(德陀圓). 전남 영광에서 출생. 원기 21년(1936) 모친 김동수의 인도로 입교하고 이어서 출가. 이후로 각처의 교무로 봉직하면서 초기 교단에 헌신봉공하였다. 대봉도 법훈을 받았다.

정금미옥(精金美玉) 불순물이 전혀 섞이지 않는 금이나 옥이라는 뜻으로, 사람의 수행이나 인품 또는 시문(詩文)이나 능력이 뛰어나고 아름다우며 맑은 것을 비유하는 말.

삼대력(三大力)

삼학 수행을 병진해서 얻게 되는 세 가지의 큰 힘. 인간이 가질 수 있는 큰 힘 중에서 가장 큰 힘인데, 정신 수양으로 얻는 힘을 수양력, 사리연구로 얻는 힘을 연구력, 작업취사로 얻는 힘을 취사력이라 한다. 수양력을 얻으면 정력(定力)이 쌓이고, 연구력을 얻으면 지혜가 빛나고, 취사력을 얻으면 모든 일에 무념행과 원만행을 하게 된다. 따라서 삼대력을 얻으면 부처와 같은 인격을 갖추게 되고, 삼대력을 얻지 못하면 중생이다. 삼대력을 얻는 공부에 저축 삼대력 공부와 활용 삼대력 공부가 있다. 저축삼대력은 정(靜)할 때에 내정정(內定靜)을 위주로 하여 안으로 쌓는 삼대력이요, 활용 삼대력은 동(動)할 때에 외정정을 위주로 하여 밖으로 쌓는 삼대력이다.

불보살(佛菩薩)

(1) 일원의 위력을 얻고 일원의 체성에 합한 위대한 인격자, 곧 무등등한 대각도인과 무상행의 대봉공인.

(2) 부처와 보살. 천여래 만보살. 진리를 깨쳐 생사고락과 선악인과에 해탈을 얻어 자신을 제도하고, 나아가 일체중생을 구제하는 성인을 통칭하는 말.

〈대종경〉 불지품 4장에 「불보살들은 행주좌와어묵동정간에 무애자재하는 도가 있으므로, 능히 정할 때에 정하고 동할 때에 동하며, 능히 클 때에 크고 작을 때에 작으며, 능히 밝을 때에 밝고 어두울 때에 어두우며, 살 때에 살고 죽을 때에 죽어서, 오직 모든 사물과 모든 처소에 조금도 법도에 어그러지는 바가 없나니라」 하였다.

서로 의지하고 바탕이 되는 이치

교단품(敎團品) **제22장**

　대종사 영산에서 봉래 정사에 돌아오사 여러 제자에게 말씀하시기를 「내가 오는 길에 어느 장 구경을 하게 되었는데, 아침에 옹기 장수는 옹기 한 짐을 지고 장에 오며, 또 어떤 사람은 지게만 지고 오더니, 그들이 돌아갈 때에는 옹기 장수는 다 팔고 지게만 지고 가며, 지게만 지고 온 사람은 옹기를 사서 지고 가는데, 두 사람이 다 만족한 기색이 엿보이더라. 나는 그것을 보고 생각하기를 당초에 옹기 장수가 지게만 지고 온 사람을 위하여 온 것이 아니었고, 지게만 지고 온 사람이 옹기 장수를 위하여 온 것이 아니어서, 각기 다 자기의 구하는 바만 구하였건마는, 결국에는 두 사람이 다 한가지 기쁨을 얻었으니, 이것이 서로 의지하고 바탕이 되는 이치로다 하였노라. 또 어떤 사람은 가게 주인이 거만하다 하여 화를 내고 그대로 가니, 사람들이 말하기를 저 사람은 물품을 사러 장에 온 것이 아니라 대우 받으러 장에 온 것이라고 비웃었으며, 또 한 사람은 가게 주인이야 어떠하든지 자기가 살 물품만 실수 없이 사는지라 좌우 사람들이 모두 그를 옳게 여기며 실속 있는 사람이라고 칭찬하더라. 나는 이 일을 보고 들을 때에 문득 그대들의 교단 생활하는 일과 비교되어서, 혼자 웃기도 하고 탄식도 하였노니 그대들은 이 이야기에서 깊은 각성을 얻어 보라.」

각자가 본래의 양심만 잘 지켜라

교단품(敎團品) 제27장

　대종사 말씀하시기를 「사람이 세상에서 무슨 일을 하기로 하면 각각 그 일의 판국에 따라 그만한 고난과 파란이 다 있나니 고금을 통하여 불보살 성현들이나 위인 달사 치고 고난 없이 성공한 분이 거의 없었나니라. 과거 서가모니불도 한 나라 태자의 모든 영화를 다 버리시고 성을 넘어 출가하사, 육년 동안 갖은 난행과 고행을 겪으셨으며, 회상을 펴신 후에도 여러 가지 고난이 많으신 가운데 외도들의 박해로 그 제자가 악살까지 당하였으나, 부처님의 대도는 그 후 제자들의 계계 승승으로 오늘날 모든 생령의 한량 없는 존모를 받게 되었고, 공자께서는 춘추 대의를 바로잡기 위하여 천하를 철환 하실 때에 상가의 개 같다는 욕까지 들으셨으며, 진체의 난과 모든 박해를 입었으나 그 제자들의 꾸준한 노력으로 필경 인륜 강기를 바로잡아 오늘날 세계적 성인으로 존모를 받게 되었고, 예수께서도 갖은 박해와 모함 가운데 복음을 펴시다가 마침내 십자가에 형륙까지 당하였으나 그 경륜은 사도들의 악전 고투로 오늘날 가위 전 세

계에 그 공덕을 끼치지 아니하는가. 우리도 파란많은 이 세상에 나와서 큰 목표를 세우고 활동을 하게 되었으니 어찌 시비나 고생이 없으리요. 아직까지는 그다지 큰 비난이나 압박을 받은 일이 없었지마는 사람이 차차 많아지고 일이 점점 커짐에 따라 이 중에 잘못하는 사람이 생겨나 회상의 체면에 혹 낮은 영향이 올 수도 있으리라. 그러나, 우리의 목적이 진실로 세상을 이익 주는 데에 있고 우리의 교화가 참으로 제생 의세에 필요하다면 비록 한두 사람의 잘못이 있고 한두 가지 일에 그르침이 있다 할지라도 그로 인하여 우리 회상 전체가 어긋나지는 아니할 것이며, 설사 어떠한 모함과 박해를 당한다 할지라도 그 진체(眞體)*는 마침내 그대로 드러나리라. 이를 비유하여 말하자면 안개가 산을 가리어 산의 면목이 한 때 흐리더라도 안개가 사라지면 산이 도리어 역력히 나타나는 것과 같나니, 그대들은 어떠한 고난과 파란에도 그 마음을 끌리지 말고 각자 각자가 본래의 양심만 잘 지켜서 끝까지 목적 달성에 매진한다면 우리의 대업은 원만히 성취될 줄로 확신하노라.」

진체(眞體) (1) 진리의 본체. 진리의 여실한 모습. (2) 사물의 참 모습. 사물의 있는 그대로의 모습.

남의 잘못하는 것과 몰라주는 것에
너무 관심하지 말라

전망품(展望品) 제15장

 대종사 말씀하시기를 「내가 어느 날 불경(佛經)을 보니 이러한 이야기가 있더라. 한 제자가 부처님께 여쭙기를 "저희들은 부처님을 뵈옵고 법설을 들으면 존경심과 환희심이 한 없이 나옵는데, 어떤 사람은 도리어 흉을 보고 비방도 하며 사람들의 출입까지 방해하기도 하오니, 부처님께서는 항상 자비심으로 가르쳐 주시거늘 그 중생은 무슨 일로 그러하는지 그 이유를 알고 싶나이다."

하매, 부처님께서 대답하시기를 "저 해가 동녘 하늘에 오름에 제일 높은 수미산(須彌山)* 상봉에 먼저 비치고, 그 다음에 고원(高原)에 비치고, 그러한 후에야 일체 대지 평야에까지 비치나니, 태양이 차별심이 있어서 높은 산은 먼저 비치고 평야는 나중에 비치는 것이 아니라, 태양은 다만 무심히 비치건마는 땅의 고하를 따라 그와 같이 선후의 차별이 있게 되나니라. 여래의 설법도 그와 같아서 무량한 지혜의 광명은 차별없이 나투건마는 각자의 근기에 따라서 그 법을 먼저 알기도 하고 뒤에 알기도 하나니 한 자리에서 같은 법문을 들을지라도 보살들이 먼저 알아듣고, 그 다음에 연각(緣覺)*, 성문(聲聞)*, 결정선근자(決定善根者)*가 알아듣고, 그 다음에야 무연(無緣)* 중

연각(緣覺) 부처님의 가르침을 받지 않고 스승도 없이 스스로 깨달아, 혼자서 고독을 즐기며 설법이나 교화도 하지 않는 성자. 혼자서 깨달았다고 해서 독각(獨覺)이라고도 하고, 벽지불 이라고도 한다. 이는 소승보살이다.

성문(聲聞) 연각(緣覺) · 보살과 함께 삼승(三乘)의 하나. 부처님의 음성을 직접 들은 불제자라는 뜻. 서가모니불의 설법을 듣고 고 · 집 · 멸 · 도 사제의 이치를 깨달아서 스스로 아라한이 되기를 이상으로 하는 수행자.

생까지도 점진적으로 그 혜광을 받게 되나니라. 그런데, 미한 중생들이 부처의 혜광을 받아 살면서도 불법을 비방하는 것은 마치 소경이 해의 혜택을 입어 살면서도 해를 보지 못하므로 해의 혜택이 없다 하는 것과 같나니라. 그런즉, 너는 너의 할 일이나 잘 할 것이요, 결코 그러한 어리석은 중생들을 미워하지 말며, 또는 낙심하거나 퇴굴심(退屈心)*을 내지도 말라. 그 어찌 인지의 차등이 없으리요"하셨다 하였더라. 그대들은 이 말씀을 범연히 듣지 말고 각자의 전정(前程)*에 보감을 삼아서 계속 정진할 것이요, 결단코 남의 잘못하는 것과 몰라주는 것에 너무 관심하지 말라. 이 세상의 변천도 주야 변천되는 것과 다름이 없어서 어둡던 세상이 밝아질 때에는 모든 중생

결정선근자(決定善根者) 결정보를 받을 수 있을 만큼의 큰 수행을 통하여 선과(善果)를 받을 만한 선인(善因)을 지은 수행자.

전정(前程) 앞길. 전정이 구만리 간다 '젊어서 장래가 아주 유망함'을 이르는 말.

이 고루 불은(佛恩)을 깨닫고 불은에 보답하기 위하여 서로 노력하게 되나리라.」

수미산(須彌山)

고대 인도의 우주론 또는 불교의 세계관에서, 세계의 한 가운데에 높이 솟아 있다고 하는 산. 산 꼭대기에는 제석천이 살고 있고, 산 중턱에는 사천왕(四天王)이 살고 있다고 한다. 그 높이는 물 위로 8만유순(由旬 : 1유순은 4백리)이고, 물 속으로도 8만유순이며, 가로의 길이도 역시 8만유순이라고 한다. 금·은·유리·파리의 네 가지 보배로 이루어져 있는데, 북쪽은 황금, 동쪽은 백은, 남쪽은 유리, 서쪽은 파리로 되어 있다고 한다. 달과 해가 그 주위를 회전하며 보광(寶光)을 비추어 사방의 허공을 물들이고 있다고 한다. 수미산 둘레에는 칠금산(七金山)이 둘러싸고 있고, 수미산과 칠금산 밖에는 함해(鹹海)가 둘러있고 함해 건너서 철위산이 둘러 있어서 수미세계의 외곽을 이루고 있다고 한다. 이렇게 볼 때 인도인들의 상상력은 대단한 것이라 하겠다. 수미산은 인도의 최고봉인 히말라야산을 이렇게 표현한 것으로 보인다.

무연 (無緣)

(1) 어떠한 사람이나, 어떠한 장소나, 어떠한 일이나 간에 아무런 인연이 없는 것.

(2) 전생에 부처나 보살과 아무런 인연을 맺은 일이 없는 것.

(3) 죽은 사람을 장사지내 줄 연고자가 없는 것.

퇴굴심 (退屈心)

수행인이 마음공부를 해나가다가 순역 경계에 부딪쳐서 더 발전하지 못하고 물러서거나 굴복하는 마음. 역경에는 굴복하고 순경에는 빠져버려 더 이상 정진하지 못하는 마음으로, 퇴굴심이 생기면 타락하거나 퇴전하게 된다. 중근병에 걸렸을 때에도 퇴굴심을 내기 쉽다.

믿음이 엷은 사람은 시들 것이요, 믿음이 굳은 사람은 좋은 결실을 보리라

부촉품(附囑品) 제4장

    대종사 열반을 몇 달 앞두시고 자주 대중과 개인에게 부촉하시기를 「내가 이제는 깊은 곳으로 수양을 가려 하노니, 만일 내가 없더라도 퇴굴심이 나지 않겠는가 스스로 반성하여 마음을 추어 잡으라. 지금은 정히 심판기라 믿음이 엷은 사람은 시들 것이요, 믿음이 굳은 사람은 좋은 결실을 보리라. 나의 법은 신성 있고 공심 있는 사람이면 누구나 다 받아 가도록 전하였나니, 법을 받지 못하였다고 후일에 한탄하지 말고, 하루 속히 이 정법을 마음대로 가져다가 그대들의 피가 되고 살이 되게 하라.」